中华人民共和国国防法
中华人民共和国国防教育法
中华人民共和国国防动员法
中华人民共和国国防交通法

中国法治出版社

图书在版编目（CIP）数据

中华人民共和国国防法　中华人民共和国国防教育法　中华人民共和国国防动员法　中华人民共和国国防交通法／中国法治出版社编． -- 北京：中国法治出版社，2024.10． -- ISBN 978-7-5216-4723-5

Ⅰ．D922.12

中国国家版本馆 CIP 数据核字第 20244H9Q53 号

中华人民共和国国防法　中华人民共和国国防教育法　中华人民共和国国防动员法　中华人民共和国国防交通法
ZHONGHUA RENMIN GONGHEGUO GUOFANGFA
ZHONGHUA RENMIN GONGHEGUO GUOFANG JIAOYUFA
ZHONGHUA RENMIN GONGHEGUO GUOFANG DONGYUANFA
ZHONGHUA RENMIN GONGHEGUO GUOFANG JIAOTONGFA

经销/新华书店
印刷/三河市紫恒印装有限公司

开本/880 毫米×1230 毫米　32 开	印张/3　字数/32 千
版次/2024 年 10 月第 1 版	2024 年 10 月第 1 次印刷

中国法治出版社出版

书号 ISBN 978-7-5216-4723-5　　　　　　　　　　　　定价：12.00 元

北京市西城区西便门西里甲 16 号西便门办公区

邮政编码：100053	传真：010-63141600
网址：http://www.zgfzs.com	编辑部电话：010-63141806
市场营销部电话：010-63141612	印务部电话：010-63141606

（如有印装质量问题，请与本社印务部联系。）

目 录

中华人民共和国国防法 ………………………（1）

中华人民共和国国防教育法………………………（27）

中华人民共和国国防动员法………………………（43）

中华人民共和国国防交通法………………………（69）

中华人民共和国国防法

（1997年3月14日第八届全国人民代表大会第五次会议通过　根据2009年8月27日第十一届全国人民代表大会常务委员会第十次会议《关于修改部分法律的决定》修正　2020年12月26日第十三届全国人民代表大会常务委员会第二十四次会议修订　2020年12月26日中华人民共和国主席令第67号公布　自2021年1月1日起施行）

目　　录

第一章　总　　则
第二章　国家机构的国防职权
第三章　武装力量

第四章　边防、海防、空防和其他重大安全领域防卫

第五章　国防科研生产和军事采购

第六章　国防经费和国防资产

第七章　国防教育

第八章　国防动员和战争状态

第九章　公民、组织的国防义务和权利

第十章　军人的义务和权益

第十一章　对外军事关系

第十二章　附　　则

第一章　总　　则

第一条　为了建设和巩固国防，保障改革开放和社会主义现代化建设的顺利进行，实现中华民族伟大复兴，根据宪法，制定本法。

第二条　国家为防备和抵抗侵略，制止武装颠覆和分裂，保卫国家主权、统一、领土完整、安全

和发展利益所进行的军事活动,以及与军事有关的政治、经济、外交、科技、教育等方面的活动,适用本法。

第三条 国防是国家生存与发展的安全保障。

国家加强武装力量建设,加强边防、海防、空防和其他重大安全领域防卫建设,发展国防科研生产,普及全民国防教育,完善国防动员体系,实现国防现代化。

第四条 国防活动坚持以马克思列宁主义、毛泽东思想、邓小平理论、"三个代表"重要思想、科学发展观、习近平新时代中国特色社会主义思想为指导,贯彻习近平强军思想,坚持总体国家安全观,贯彻新时代军事战略方针,建设与我国国际地位相称、与国家安全和发展利益相适应的巩固国防和强大武装力量。

第五条 国家对国防活动实行统一的领导。

第六条 中华人民共和国奉行防御性国防政策,独立自主、自力更生地建设和巩固国防,实行积极防御，坚持全民国防。

国家坚持经济建设和国防建设协调、平衡、兼容发展，依法开展国防活动，加快国防和军队现代化，实现富国和强军相统一。

第七条 保卫祖国、抵抗侵略是中华人民共和国每一个公民的神圣职责。

中华人民共和国公民应当依法履行国防义务。

一切国家机关和武装力量、各政党和各人民团体、企业事业组织、社会组织和其他组织，都应当支持和依法参与国防建设，履行国防职责，完成国防任务。

第八条 国家和社会尊重、优待军人，保障军人的地位和合法权益，开展各种形式的拥军优属活动，让军人成为全社会尊崇的职业。

中国人民解放军和中国人民武装警察部队开展拥政爱民活动，巩固军政军民团结。

第九条 中华人民共和国积极推进国际军事交流与合作，维护世界和平，反对侵略扩张行为。

第十条　对在国防活动中作出贡献的组织和个人，依照有关法律、法规的规定给予表彰和奖励。

第十一条　任何组织和个人违反本法和有关法律，拒绝履行国防义务或者危害国防利益的，依法追究法律责任。

公职人员在国防活动中，滥用职权、玩忽职守、徇私舞弊的，依法追究法律责任。

第二章　国家机构的国防职权

第十二条　全国人民代表大会依照宪法规定，决定战争和和平的问题，并行使宪法规定的国防方面的其他职权。

全国人民代表大会常务委员会依照宪法规定，决定战争状态的宣布，决定全国总动员或者局部动员，并行使宪法规定的国防方面的其他职权。

第十三条　中华人民共和国主席根据全国人民代表大会的决定和全国人民代表大会常务委员会的

决定，宣布战争状态，发布动员令，并行使宪法规定的国防方面的其他职权。

第十四条　国务院领导和管理国防建设事业，行使下列职权：

（一）编制国防建设的有关发展规划和计划；

（二）制定国防建设方面的有关政策和行政法规；

（三）领导和管理国防科研生产；

（四）管理国防经费和国防资产；

（五）领导和管理国民经济动员工作和人民防空、国防交通等方面的建设和组织实施工作；

（六）领导和管理拥军优属工作和退役军人保障工作；

（七）与中央军事委员会共同领导民兵的建设，征兵工作，边防、海防、空防和其他重大安全领域防卫的管理工作；

（八）法律规定的与国防建设事业有关的其他职权。

第十五条　中央军事委员会领导全国武装力量，

行使下列职权：

（一）统一指挥全国武装力量；

（二）决定军事战略和武装力量的作战方针；

（三）领导和管理中国人民解放军、中国人民武装警察部队的建设，制定规划、计划并组织实施；

（四）向全国人民代表大会或者全国人民代表大会常务委员会提出议案；

（五）根据宪法和法律，制定军事法规，发布决定和命令；

（六）决定中国人民解放军、中国人民武装警察部队的体制和编制，规定中央军事委员会机关部门、战区、军兵种和中国人民武装警察部队等单位的任务和职责；

（七）依照法律、军事法规的规定，任免、培训、考核和奖惩武装力量成员；

（八）决定武装力量的武器装备体制，制定武器装备发展规划、计划，协同国务院领导和管理国防科研生产；

（九）会同国务院管理国防经费和国防资产；

（十）领导和管理人民武装动员、预备役工作；

（十一）组织开展国际军事交流与合作；

（十二）法律规定的其他职权。

第十六条 中央军事委员会实行主席负责制。

第十七条 国务院和中央军事委员会建立协调机制，解决国防事务的重大问题。

中央国家机关与中央军事委员会机关有关部门可以根据情况召开会议，协调解决有关国防事务的问题。

第十八条 地方各级人民代表大会和县级以上地方各级人民代表大会常务委员会在本行政区域内，保证有关国防事务的法律、法规的遵守和执行。

地方各级人民政府依照法律规定的权限，管理本行政区域内的征兵、民兵、国民经济动员、人民防空、国防交通、国防设施保护，以及退役军人保障和拥军优属等工作。

第十九条 地方各级人民政府和驻地军事机关

根据需要召开军地联席会议，协调解决本行政区域内有关国防事务的问题。

军地联席会议由地方人民政府的负责人和驻地军事机关的负责人共同召集。军地联席会议的参加人员由会议召集人确定。

军地联席会议议定的事项，由地方人民政府和驻地军事机关根据各自职责和任务分工办理，重大事项应当分别向上级报告。

第三章 武装力量

第二十条 中华人民共和国的武装力量属于人民。它的任务是巩固国防，抵抗侵略，保卫祖国，保卫人民的和平劳动，参加国家建设事业，全心全意为人民服务。

第二十一条 中华人民共和国的武装力量受中国共产党领导。武装力量中的中国共产党组织依照中国共产党章程进行活动。

第二十二条 中华人民共和国的武装力量，由中国人民解放军、中国人民武装警察部队、民兵组成。

中国人民解放军由现役部队和预备役部队组成，在新时代的使命任务是为巩固中国共产党领导和社会主义制度，为捍卫国家主权、统一、领土完整，为维护国家海外利益，为促进世界和平与发展，提供战略支撑。现役部队是国家的常备军，主要担负防卫作战任务，按照规定执行非战争军事行动任务。预备役部队按照规定进行军事训练、执行防卫作战任务和非战争军事行动任务；根据国家发布的动员令，由中央军事委员会下达命令转为现役部队。

中国人民武装警察部队担负执勤、处置突发社会安全事件、防范和处置恐怖活动、海上维权执法、抢险救援和防卫作战以及中央军事委员会赋予的其他任务。

民兵在军事机关的指挥下，担负战备勤务、执行非战争军事行动任务和防卫作战任务。

第二十三条　中华人民共和国的武装力量必须遵守宪法和法律。

第二十四条　中华人民共和国武装力量建设坚持走中国特色强军之路，坚持政治建军、改革强军、科技强军、人才强军、依法治军，加强军事训练，开展政治工作，提高保障水平，全面推进军事理论、军队组织形态、军事人员和武器装备现代化，构建中国特色现代作战体系，全面提高战斗力，努力实现党在新时代的强军目标。

第二十五条　中华人民共和国武装力量的规模应当与保卫国家主权、安全、发展利益的需要相适应。

第二十六条　中华人民共和国的兵役分为现役和预备役。军人和预备役人员的服役制度由法律规定。

中国人民解放军、中国人民武装警察部队依照法律规定实行衔级制度。

第二十七条　中国人民解放军、中国人民武装警察部队在规定岗位实行文职人员制度。

第二十八条 中国人民解放军军旗、军徽是中国人民解放军的象征和标志。中国人民武装警察部队旗、徽是中国人民武装警察部队的象征和标志。

公民和组织应当尊重中国人民解放军军旗、军徽和中国人民武装警察部队旗、徽。

中国人民解放军军旗、军徽和中国人民武装警察部队旗、徽的图案、样式以及使用管理办法由中央军事委员会规定。

第二十九条 国家禁止任何组织或者个人非法建立武装组织,禁止非法武装活动,禁止冒充军人或者武装力量组织。

第四章 边防、海防、空防和其他 重大安全领域防卫

第三十条 中华人民共和国的领陆、领水、领空神圣不可侵犯。国家建设强大稳固的现代边防、

海防和空防，采取有效的防卫和管理措施，保卫领陆、领水、领空的安全，维护国家海洋权益。

国家采取必要的措施，维护在太空、电磁、网络空间等其他重大安全领域的活动、资产和其他利益的安全。

第三十一条　中央军事委员会统一领导边防、海防、空防和其他重大安全领域的防卫工作。

中央国家机关、地方各级人民政府和有关军事机关，按照规定的职权范围，分工负责边防、海防、空防和其他重大安全领域的管理和防卫工作，共同维护国家的安全和利益。

第三十二条　国家根据边防、海防、空防和其他重大安全领域防卫的需要，加强防卫力量建设，建设作战、指挥、通信、测控、导航、防护、交通、保障等国防设施。各级人民政府和军事机关应当依照法律、法规的规定，保障国防设施的建设，保护国防设施的安全。

第五章　国防科研生产和军事采购

第三十三条　国家建立和完善国防科技工业体系，发展国防科研生产，为武装力量提供性能先进、质量可靠、配套完善、便于操作和维修的武器装备以及其他适用的军用物资，满足国防需要。

第三十四条　国防科技工业实行军民结合、平战结合、军品优先、创新驱动、自主可控的方针。

国家统筹规划国防科技工业建设，坚持国家主导、分工协作、专业配套、开放融合，保持规模适度、布局合理的国防科研生产能力。

第三十五条　国家充分利用全社会优势资源，促进国防科学技术进步，加快技术自主研发，发挥高新技术在武器装备发展中的先导作用，增加技术储备，完善国防知识产权制度，促进国防科技成果转化，推进科技资源共享和协同创新，提高国防科研能力和武器装备技术水平。

第三十六条　国家创造有利的环境和条件，加强国防科学技术人才培养，鼓励和吸引优秀人才进入国防科研生产领域，激发人才创新活力。

国防科学技术工作者应当受到全社会的尊重。国家逐步提高国防科学技术工作者的待遇，保护其合法权益。

第三十七条　国家依法实行军事采购制度，保障武装力量所需武器装备和物资、工程、服务的采购供应。

第三十八条　国家对国防科研生产实行统一领导和计划调控；注重发挥市场机制作用，推进国防科研生产和军事采购活动公平竞争。

国家为承担国防科研生产任务和接受军事采购的组织和个人依法提供必要的保障条件和优惠政策。地方各级人民政府应当依法对承担国防科研生产任务和接受军事采购的组织和个人给予协助和支持。

承担国防科研生产任务和接受军事采购的组织和个人应当保守秘密，及时高效完成任务，保证质量,提供相应的服务保障。

国家对供应武装力量的武器装备和物资、工程、服务,依法实行质量责任追究制度。

第六章 国防经费和国防资产

第三十九条 国家保障国防事业的必要经费。国防经费的增长应当与国防需求和国民经济发展水平相适应。

国防经费依法实行预算管理。

第四十条 国家为武装力量建设、国防科研生产和其他国防建设直接投入的资金、划拨使用的土地等资源,以及由此形成的用于国防目的的武器装备和设备设施、物资器材、技术成果等属于国防资产。

国防资产属于国家所有。

第四十一条 国家根据国防建设和经济建设的需要,确定国防资产的规模、结构和布局,调整和处分国防资产。

国防资产的管理机构和占有、使用单位，应当依法管理国防资产，充分发挥国防资产的效能。

第四十二条 国家保护国防资产不受侵害，保障国防资产的安全、完整和有效。

禁止任何组织或者个人破坏、损害和侵占国防资产。未经国务院、中央军事委员会或者国务院、中央军事委员会授权的机构批准，国防资产的占有、使用单位不得改变国防资产用于国防的目的。国防资产中的技术成果，在坚持国防优先、确保安全的前提下，可以根据国家有关规定用于其他用途。

国防资产的管理机构或者占有、使用单位对不再用于国防目的的国防资产，应当按照规定报批，依法改作其他用途或者进行处置。

第七章 国防教育

第四十三条 国家通过开展国防教育，使全体公民增强国防观念、强化忧患意识、掌握国防知识、提高国防技能、发扬爱国主义精神，依法履行国防义务。

普及和加强国防教育是全社会的共同责任。

第四十四条 国防教育贯彻全民参与、长期坚持、讲求实效的方针，实行经常教育与集中教育相结合、普及教育与重点教育相结合、理论教育与行为教育相结合的原则。

第四十五条 国防教育主管部门应当加强国防教育的组织管理，其他有关部门应当按照规定的职责做好国防教育工作。

军事机关应当支持有关机关和组织开展国防教育工作，依法提供有关便利条件。

一切国家机关和武装力量、各政党和各人民团体、企业事业组织、社会组织和其他组织，都应当组织本地区、本部门、本单位开展国防教育。

学校的国防教育是全民国防教育的基础。各级各类学校应当设置适当的国防教育课程，或者在有关课程中增加国防教育的内容。普通高等学校和高中阶段学校应当按照规定组织学生军事训练。

公职人员应当积极参加国防教育，提升国防素养，发挥在全民国防教育中的模范带头作用。

第四十六条　各级人民政府应当将国防教育纳入国民经济和社会发展计划，保障国防教育所需的经费。

第八章　国防动员和战争状态

第四十七条　中华人民共和国的主权、统一、领土完整、安全和发展利益遭受威胁时，国家依照宪法和法律规定，进行全国总动员或者局部动员。

第四十八条　国家将国防动员准备纳入国家总体发展规划和计划，完善国防动员体制，增强国防动员潜力，提高国防动员能力。

第四十九条　国家建立战略物资储备制度。战略物资储备应当规模适度、储存安全、调用方便、定期更换，保障战时的需要。

第五十条　国家国防动员领导机构、中央国家机关、中央军事委员会机关有关部门按照职责分工，组织国防动员准备和实施工作。

一切国家机关和武装力量、各政党和各人民团体、企业事业组织、社会组织、其他组织和公民，都必须依照法律规定完成国防动员准备工作；在国家发布动员令后，必须完成规定的国防动员任务。

第五十一条　国家根据国防动员需要，可以依法征收、征用组织和个人的设备设施、交通工具、场所和其他财产。

县级以上人民政府对被征收、征用者因征收、征用所造成的直接经济损失，按照国家有关规定给予公平、合理的补偿。

第五十二条　国家依照宪法规定宣布战争状态，采取各种措施集中人力、物力和财力，领导全体公民保卫祖国、抵抗侵略。

第九章　公民、组织的国防义务和权利

第五十三条　依照法律服兵役和参加民兵组织

是中华人民共和国公民的光荣义务。

各级兵役机关和基层人民武装机构应当依法办理兵役工作，按照国务院和中央军事委员会的命令完成征兵任务，保证兵员质量。有关国家机关、人民团体、企业事业组织、社会组织和其他组织，应当依法完成民兵和预备役工作，协助完成征兵任务。

第五十四条 企业事业组织和个人承担国防科研生产任务或者接受军事采购，应当按照要求提供符合质量标准的武器装备或者物资、工程、服务。

企业事业组织和个人应当按照国家规定在与国防密切相关的建设项目中贯彻国防要求，依法保障国防建设和军事行动的需要。车站、港口、机场、道路等交通设施的管理、运营单位应当为军人和军用车辆、船舶的通行提供优先服务，按照规定给予优待。

第五十五条 公民应当接受国防教育。

公民和组织应当保护国防设施，不得破坏、危害国防设施。

公民和组织应当遵守保密规定,不得泄露国防方面的国家秘密,不得非法持有国防方面的秘密文件、资料和其他秘密物品。

第五十六条 公民和组织应当支持国防建设,为武装力量的军事训练、战备勤务、防卫作战、非战争军事行动等活动提供便利条件或者其他协助。

国家鼓励和支持符合条件的公民和企业投资国防事业,保障投资者的合法权益并依法给予政策优惠。

第五十七条 公民和组织有对国防建设提出建议的权利,有对危害国防利益的行为进行制止或者检举的权利。

第五十八条 民兵、预备役人员和其他公民依法参加军事训练,担负战备勤务、防卫作战、非战争军事行动等任务时,应当履行自己的职责和义务;国家和社会保障其享有相应的待遇,按照有关规定对其实行抚恤优待。

公民和组织因国防建设和军事活动在经济上受到直接损失的,可以依照国家有关规定获得补偿。

第十章 军人的义务和权益

第五十九条 军人必须忠于祖国,忠于中国共产党,履行职责,英勇战斗,不怕牺牲,捍卫祖国的安全、荣誉和利益。

第六十条 军人必须模范地遵守宪法和法律,遵守军事法规,执行命令,严守纪律。

第六十一条 军人应当发扬人民军队的优良传统,热爱人民,保护人民,积极参加社会主义现代化建设,完成抢险救灾等任务。

第六十二条 军人应当受到全社会的尊崇。

国家建立军人功勋荣誉表彰制度。

国家采取有效措施保护军人的荣誉、人格尊严,依照法律规定对军人的婚姻实行特别保护。

军人依法履行职责的行为受法律保护。

第六十三条 国家和社会优待军人。

国家建立与军事职业相适应、与国民经济发展相协调的军人待遇保障制度。

第六十四条　国家建立退役军人保障制度,妥善安置退役军人,维护退役军人的合法权益。

第六十五条　国家和社会抚恤优待残疾军人,对残疾军人的生活和医疗依法给予特别保障。

因战、因公致残或者致病的残疾军人退出现役后,县级以上人民政府应当及时接收安置,并保障其生活不低于当地的平均生活水平。

第六十六条　国家和社会优待军人家属,抚恤优待烈士家属和因公牺牲、病故军人的家属。

第十一章　对外军事关系

第六十七条　中华人民共和国坚持互相尊重主权和领土完整、互不侵犯、互不干涉内政、平等互利、和平共处五项原则,维护以联合国为核心的国际体系和以国际法为基础的国际秩序,坚持共同、综合、合作、可持续的安全观,推动构建人类命运共同体，独立自主地处理对外军事关系，开展军事交流与合作。

第六十八条　中华人民共和国遵循以联合国宪章宗旨和原则为基础的国际关系基本准则，依照国家有关法律运用武装力量，保护海外中国公民、组织、机构和设施的安全，参加联合国维和、国际救援、海上护航、联演联训、打击恐怖主义等活动，履行国际安全义务，维护国家海外利益。

第六十九条　中华人民共和国支持国际社会实施的有利于维护世界和地区和平、安全、稳定的与军事有关的活动，支持国际社会为公正合理地解决国际争端以及国际军备控制、裁军和防扩散所做的努力，参与安全领域多边对话谈判，推动制定普遍接受、公正合理的国际规则。

第七十条　中华人民共和国在对外军事关系中遵守同外国、国际组织缔结或者参加的有关条约和协定。

第十二章　附　　则

第七十一条　本法所称军人,是指在中国人民解放军服现役的军官、军士、义务兵等人员。

本法关于军人的规定,适用于人民武装警察。

第七十二条　中华人民共和国特别行政区的防务,由特别行政区基本法和有关法律规定。

第七十三条　本法自2021年1月1日起施行。

中华人民共和国国防教育法

（2001年4月28日第九届全国人民代表大会常务委员会第二十一次会议通过　根据2018年4月27日第十三届全国人民代表大会常务委员会第二次会议《关于修改〈中华人民共和国国境卫生检疫法〉等六部法律的决定》修正　2024年9月13日第十四届全国人民代表大会常务委员会第十一次会议修订　2024年9月13日中华人民共和国主席令第30号公布　自2024年9月21日起施行）

目　　录

第一章　总　　则

第二章　学校国防教育

第三章　社会国防教育

第四章　国防教育保障

第五章　法律责任

第六章　附　　则

第一章　总　　则

第一条　为了普及和加强国防教育，发扬爱国主义精神，促进国防建设和社会主义精神文明建设，根据宪法和《中华人民共和国国防法》、《中华人民共和国教育法》，制定本法。

第二条　国家在全体公民中开展以爱国主义为核心，以履行国防义务为目的，与国防和军队建设有关的理论、知识、技能以及科技、法律、心理等方面的国防教育。

国防教育是建设和巩固国防的基础，是增强民族凝聚力、提高全民素质的重要途径。

第三条　国防教育坚持以马克思列宁主义、毛泽东思想、邓小平理论、"三个代表"重要思想、科学发展观、习近平新时代中国特色社会主义思想为指导，坚持总体国家安全观，培育和践行社会主义核心价值观，铸牢中华民族共同体意识，使全体公民增强国防观念、强化忧患意识、掌握国防知识、提高国防技能，依法履行国防义务。

第四条 坚持中国共产党对国防教育工作的领导，建立集中统一、分工负责、军地协同的国防教育领导体制。

第五条 中央全民国防教育主管部门负责全国国防教育工作的指导、监督和统筹协调。中央国家机关各部门在各自的职责范围内负责国防教育工作。中央军事委员会机关有关部门按照职责分工，协同中央全民国防教育主管部门开展国防教育。

县级以上地方全民国防教育主管部门负责本行政区域内国防教育工作的指导、监督和统筹协调；其他有关部门在规定的职责范围内开展国防教育工作。驻地军事机关协同地方全民国防教育主管部门开展国防教育。

第六条 国防教育贯彻全民参与、长期坚持、讲求实效的方针，实行经常教育与集中教育相结合、普及教育与重点教育相结合、理论教育与行为教育相结合的原则，针对不同对象确定相应的教育内容分类组织实施。

第七条 中华人民共和国公民都有接受国防教育的权利和义务。

普及和加强国防教育是全社会的共同责任。

一切国家机关和武装力量、各政党和各人民团体、企业事业组织、社会组织和其他组织，都应当组织本地区、本部门、本单位开展国防教育。

第八条 国防动员、兵役、退役军人事务、国防科研生产、边防海防、人民防空、国防交通等工作的主管部门，依照本法和有关法律、法规的规定，开展国防教育。

工会、共产主义青年团、妇女联合会和其他群团组织，应当在各自的工作范围内开展国防教育。

第九条 中国人民解放军、中国人民武装警察部队按照中央军事委员会的有关规定开展国防教育。

第十条 国家支持、鼓励社会组织和个人开展有益于国防教育的活动。

第十一条 对在国防教育工作中做出突出贡献的组织和个人，按照国家有关规定给予表彰、奖励。

第十二条 每年九月的第三个星期六为全民国防教育日。

第二章 学校国防教育

第十三条 学校国防教育是全民国防教育的基础，是实施素质教育的重要内容。

教育行政部门应当将国防教育列入工作计划，加强对学校国防教育的组织、指导和监督，并对学校国防教育工作定期进行考核。

学校应当将国防教育列入学校的工作和教学计划，采取有效措施，保证国防教育的质量和效果。

第十四条 小学和初级中学应当将国防教育的内容纳入有关课程，将课堂教学与课外活动相结合，使小学生具备一定的国防意识、初中学生掌握初步的国防知识和国防技能。

小学和初级中学可以组织学生开展以国防教育为主题的少年军校活动。教育行政部门、共产主义青年团和其他有关部门应当加强对少年军校活动的指导与管理。

小学和初级中学可以根据需要聘请校外辅导员，协助学校开展多种形式的国防教育活动。

第十五条 高中阶段学校应当在有关课程中安排专门的国防教育内容，将课堂教学与军事训练相结合，使学生掌握基本的国防理论、知识和技能，具备基本的国防观念。

普通高等学校应当设置国防教育课程，加强国防教育相关学科建设，开展形式多样的国防教育活动，使学生掌握必要的国防理论、知识和技能，具备较强的国防观念。

第十六条　学校国防教育应当与兵役宣传教育相结合，增强学生依法服兵役的意识，营造服兵役光荣的良好氛围。

第十七条　普通高等学校、高中阶段学校应当按照规定组织学生军事训练。

普通高等学校、高中阶段学校学生的军事训练，由学校负责军事训练的机构或者军事教员组织实施。

学校组织军事训练活动，应当采取措施，加强安全保障。

驻地军事机关应当协助学校组织学生军事训练。

第十八条　中央全民国防教育主管部门、国务院教育行政部门、中央军事委员会机关有关部门负责全国学生军事训练工作。

县级以上地方人民政府教育行政部门和驻地军事机关应当加强对学生军事训练工作的组织、指导和监督。

第十九条　普通高等学校、高中阶段学校应当按照学生军事训练大纲，加强军事技能训练，磨练学生意志品质，增强组织纪律性，提高军事训练水平。

学生军事训练大纲由国务院教育行政部门、中央军事委员会机关有关部门共同制定。

第三章　社会国防教育

第二十条　国家机关应当根据各自的工作性质和特点，采取多种形式对工作人员进行国防教育。

国家机关工作人员应当具备较高的国防素养，发挥在全民国防教育中的模范带头作用。从事国防建设事业的国家机关工作人员，应当学习和掌握履行职责所必需的国防理论、知识和技能等。

各地区、各部门的领导人员应当依法履行组织、领导本地区、本部门开展国防教育的职责。

第二十一条　负责培训国家工作人员的各类教育机构，应当将国防教育纳入培训计划，设置适当的国防教育课程。

国家根据需要选送地方和部门的负责人到有关军事院校接受培训，学习和掌握履行领导职责所必需的国防理论、知识和技能等。

第二十二条 企业事业组织应当将国防教育列入职工教育计划，结合政治教育、业务培训、文化体育等活动，对职工进行国防教育。

承担国防科研生产、国防设施建设、国防交通保障等任务的企业事业组织，应当根据所担负的任务，制定相应的国防教育计划，有针对性地对职工进行国防教育。

社会组织应当根据各自的活动特点开展国防教育。

第二十三条 省军区（卫戍区、警备区）、军分区（警备区）和县、自治县、不设区的市、市辖区的人民武装部按照国家和军队的有关规定，结合政治教育和组织整顿、军事训练、执行勤务、征兵工作以及重大节日、纪念日活动，对民兵进行国防教育。

民兵国防教育，应当以基干民兵和担任领导职务的民兵为重点，建立和完善制度，保证受教育的人员、教育时间和教育内容的落实。

预备役人员所在单位应当按照有关规定开展预备役人员教育训练。

第二十四条　居民委员会、村民委员会应当将国防教育纳入社会主义精神文明建设的内容，结合征兵工作、拥军优属以及重大节日、纪念日活动，对居民、村民进行国防教育。

居民委员会、村民委员会可以聘请退役军人协助开展国防教育。

第二十五条　文化和旅游、新闻出版、广播电视、电影、网信等部门和单位应当根据形势和任务的要求，创新宣传报道方式，通过发挥红色资源教育功能、推出优秀文艺作品、宣传发布先进典型、运用新平台新技术新产品等形式和途径开展国防教育。

中央和省、自治区、直辖市以及设区的市的广播电台、电视台、报刊、新闻网站等媒体应当开设国防教育节目或者栏目，普及国防知识。

第二十六条 各地区、各部门应当利用重大节日、纪念日和重大主题活动等，广泛开展群众性国防教育活动；在全民国防教育日集中开展主题鲜明、形式多样的国防教育活动。

第二十七条 英雄烈士纪念设施、革命旧址和其他具有国防教育功能的博物馆、纪念馆、科技馆、文化馆、青少年宫等场所，应当为公民接受国防教育提供便利，对有组织的国防教育活动实行免费或者优惠。

国防教育基地应当对军队人员、退役军人和学生免费开放，在全民国防教育日向社会免费开放。

第四章　国防教育保障

第二十八条 县级以上人民政府应当将国防教育纳入国民经济和社会发展规划以及年度计划，将国防教育经费纳入预算。

国家机关、事业组织、群团组织开展国防教育所需经费，在本单位预算经费内列支。

企业开展国防教育所需经费，在本单位职工教育经费中列支。

学校组织学生军事训练所需经费，按照国家有关规定执行。

第二十九条 国家鼓励企业事业组织、社会组织和个人捐赠财产，资助国防教育的开展。

企业事业组织、社会组织和个人资助国防教育的财产，由国防教育领域相关组织依法管理。

国家鼓励企业事业组织、社会组织和个人提供或者捐赠所收藏的具有国防教育意义的实物用于国防教育。使用单位对提供使用的实物应当妥善保管，使用完毕，及时归还。

第三十条 国防教育经费和企业事业组织、社会组织、个人资助国防教育的财产，必须用于国防教育事业，任何单位或者个人不得侵占、挪用、克扣。

第三十一条 具备下列条件的场所，可以由设区的市级以上全民国防教育主管部门会同同级军事机关命名为国防教育基地：

（一）有明确的国防教育主题内容；

（二）有健全的管理机构和规章制度；

（三）有相应的国防教育设施；

（四）有必要的经费保障；

（五）有显著的社会教育效果。

国防教育基地应当加强建设，不断完善，充分发挥国防教育功能。

各级全民国防教育主管部门会同有关部门加强对国防教育基地的规划、建设和管理，并为其发挥作用提供必要的保障。

被命名的国防教育基地不再具备本条第一款规定条件的，由命名机关撤销命名。

第三十二条　各级人民政府应当加强对具有国防教育意义的文物的调查、登记和保护工作。

第三十三条　全民国防教育使用统一的国防教育大纲。国防教育大纲由中央全民国防教育主管部门组织制定。

适用于不同类别、不同地区教育对象的国防教育教材，应当依据国防教育大纲由有关部门或者地方结合本部门、本地区的特点组织编写、审核。

第三十四条 各级全民国防教育主管部门应当组织、协调有关部门做好国防教育教员的选拔、培训和管理工作，加强国防教育师资队伍建设。

国防教育教员应当从热爱国防教育事业、具有扎实的国防理论、知识和必要的军事技能的人员中选拔，同等条件下优先招录、招聘退役军人。

第三十五条 中国人民解放军、中国人民武装警察部队应当根据需要，按照有关规定为有组织的国防教育活动选派军事教员，提供必要的军事训练场地、设施、器材和其他便利条件。

经批准的军营应当按照军队有关规定向社会开放。

第五章 法 律 责 任

第三十六条 国家机关、人民团体、企业事业组织以及社会组织和其他组织违反本法规定，拒不开展国防教育活动的，由有关部门或者上级机关给予批评教育，并责令限期改正；拒不改正，造成恶劣影响的，对负有责任的领导人员和直接责任人员依法给予处分。

第三十七条 违反本法规定，侵占、挪用、克扣国防教育经费或者企业事业组织、社会组织、个人资助的国防教育财产的，由有关主管部门责令限期归还；对负有责任的领导人员和直接责任人员依法给予处分。不适用处分的人员，由有关主管部门依法予以处理。

第三十八条 侵占、破坏国防教育基地设施，损毁展品、器材的，由有关主管部门给予批评教育，并责令限期改正；有关责任人应当依法承担相应的民事责任；构成违反治安管理行为的，依法给予治安管理处罚。

第三十九条 寻衅滋事，扰乱国防教育工作和活动秩序的，或者盗用国防教育名义骗取钱财的，由有关主管部门给予批评教育，并予以制止；造成人身、财产或者其他损害的，应当依法承担相应的民事责任；构成违反治安管理行为的，依法给予治安管理处罚。

第四十条 负责国防教育的公职人员滥用职权、玩忽职守、徇私舞弊的，依法给予处分。

第四十一条 违反本法规定，构成犯罪的，依法追究刑事责任。

第六章　附　　则

第四十二条 本法自 2024 年 9 月 21 日起施行。

中华人民共和国国防动员法

（2010年2月26日第十一届全国人民代表大会常务委员会第十三次会议通过 2010年2月26日中华人民共和国主席令第25号公布 自2010年7月1日起施行）

目　　录

第一章　总　　则

第二章　组织领导机构及其职权

第三章　国防动员计划、实施预案与潜力统计调查

第四章　与国防密切相关的建设项目和重要产品

第五章　预备役人员的储备与征召

第六章　战略物资储备与调用

第七章　军品科研、生产与维修保障

第八章　战争灾害的预防与救助

第九章　国防勤务

第十章　民用资源征用与补偿

第十一章　宣传教育

第十二章　特别措施

第十三章　法律责任

第十四章　附　　则

第一章　总　　则

第一条　为了加强国防建设，完善国防动员制度，保障国防动员工作的顺利进行，维护国家的主权、统一、领土完整和安全，根据宪法，制定本法。

第二条　国防动员的准备、实施以及相关活动，适用本法。

第三条　国家加强国防动员建设，建立健全与国防安全需要相适应、与经济社会发展相协调、与突发事件应急机制相衔接的国防动员体系，增强国防动员能力。

第四条 国防动员坚持平战结合、军民结合、寓军于民的方针，遵循统一领导、全民参与、长期准备、重点建设、统筹兼顾、有序高效的原则。

第五条 公民和组织在和平时期应当依法完成国防动员准备工作；国家决定实施国防动员后，应当完成规定的国防动员任务。

第六条 国家保障国防动员所需经费。国防动员经费按照事权划分的原则，分别列入中央和地方财政预算。

第七条 国家对在国防动员工作中作出突出贡献的公民和组织，给予表彰和奖励。

第二章　组织领导机构及其职权

第八条 国家的主权、统一、领土完整和安全遭受威胁时，全国人民代表大会常务委员会依照宪法和有关法律的规定，决定全国总动员或者局部动员。国家主席根据全国人民代表大会常务委员会的决定，发布动员令。

第九条 国务院、中央军事委员会共同领导全国的国防动员工作，制定国防动员工作的方针、政策和法规，向全国人民代表大会常务委员会提出实施全国总动员或者局部动员的议案，根据全国人民代表大会常务委员会的决定和国家主席发布的动员令，组织国防动员的实施。

国家的主权、统一、领土完整和安全遭受直接威胁必须立即采取应对措施时，国务院、中央军事委员会可以根据应急处置的需要，采取本法规定的必要的国防动员措施，同时向全国人民代表大会常务委员会报告。

第十条 地方人民政府应当贯彻和执行国防动员工作的方针、政策和法律、法规；国家决定实施国防动员后，应当根据上级下达的国防动员任务，组织本行政区域国防动员的实施。

县级以上地方人民政府依照法律规定的权限管理本行政区域的国防动员工作。

第十一条 县级以上人民政府有关部门和军队有关部门在各自的职责范围内,负责有关的国防动员工作。

第十二条 国家国防动员委员会在国务院、中央军事委员会的领导下负责组织、指导、协调全国的国防动员工作;按照规定的权限和程序议定的事项,由国务院和中央军事委员会的有关部门按照各自职责分工组织实施。军区国防动员委员会、县级以上地方各级国防动员委员会负责组织、指导、协调本区域的国防动员工作。

第十三条 国防动员委员会的办事机构承担本级国防动员委员会的日常工作,依法履行有关的国防动员职责。

第十四条 国家的主权、统一、领土完整和安全遭受的威胁消除后,应当按照决定实施国防动员的权限和程序解除国防动员的实施措施。

第三章　国防动员计划、实施预案
　　　　与潜力统计调查

第十五条　国家实行国防动员计划、国防动员实施预案和国防动员潜力统计调查制度。

第十六条　国防动员计划和国防动员实施预案，根据国防动员的方针和原则、国防动员潜力状况和军事需求编制。军事需求由军队有关部门按照规定的权限和程序提出。

国防动员实施预案与突发事件应急处置预案应当在指挥、力量使用、信息和保障等方面相互衔接。

第十七条　各级国防动员计划和国防动员实施预案的编制和审批，按照国家有关规定执行。

第十八条　县级以上人民政府应当将国防动员的相关内容纳入国民经济和社会发展计划。军队有关部门应当将国防动员实施预案纳入战备计划。

县级以上人民政府及其有关部门和军队有关部

门应当按照职责落实国防动员计划和国防动员实施预案。

第十九条　县级以上人民政府统计机构和有关部门应当根据国防动员的需要，准确及时地向本级国防动员委员会的办事机构提供有关统计资料。提供的统计资料不能满足需要时，国防动员委员会办事机构可以依据《中华人民共和国统计法》和国家有关规定组织开展国防动员潜力专项统计调查。

第二十条　国家建立国防动员计划和国防动员实施预案执行情况的评估检查制度。

第四章　与国防密切相关的建设项目和重要产品

第二十一条　根据国防动员的需要，与国防密切相关的建设项目和重要产品应当贯彻国防要求，具备国防功能。

第二十二条 与国防密切相关的建设项目和重要产品目录，由国务院经济发展综合管理部门会同国务院其他有关部门以及军队有关部门拟定，报国务院、中央军事委员会批准。

列入目录的建设项目和重要产品，其军事需求由军队有关部门提出；建设项目审批、核准和重要产品设计定型时，县级以上人民政府有关主管部门应当按照规定征求军队有关部门的意见。

第二十三条 列入目录的建设项目和重要产品，应当依照有关法律、行政法规和贯彻国防要求的技术规范和标准进行设计、生产、施工、监理和验收，保证建设项目和重要产品的质量。

第二十四条 企业事业单位投资或者参与投资列入目录的建设项目建设或者重要产品研究、开发、制造的，依照有关法律、行政法规和国家有关规定，享受补贴或者其他政策优惠。

第二十五条 县级以上人民政府应当对列入目录的建设项目和重要产品贯彻国防要求工作给予指

导和政策扶持，有关部门应当按照职责做好有关的管理工作。

第五章　预备役人员的储备与征召

第二十六条　国家实行预备役人员储备制度。

国家根据国防动员的需要，按照规模适度、结构科学、布局合理的原则，储备所需的预备役人员。

国务院、中央军事委员会根据国防动员的需要，决定预备役人员储备的规模、种类和方式。

第二十七条　预备役人员按照专业对口、便于动员的原则，采取预编到现役部队、编入预备役部队、编入民兵组织或者其他形式进行储备。

国家根据国防动员的需要，建立预备役专业技术兵员储备区。

国家为预备役人员训练、储备提供条件和保障。预备役人员应当依法参加训练。

第二十八条　县级以上地方人民政府兵役机关

负责组织实施本行政区域预备役人员的储备工作。县级以上地方人民政府有关部门、预备役人员所在乡（镇）人民政府、街道办事处或者企业事业单位，应当协助兵役机关做好预备役人员储备的有关工作。

第二十九条 预编到现役部队和编入预备役部队的预备役人员、预定征召的其他预备役人员，离开预备役登记地一个月以上的，应当向其预备役登记的兵役机关报告。

第三十条 国家决定实施国防动员后，县级人民政府兵役机关应当根据上级的命令，迅速向被征召的预备役人员下达征召通知。

接到征召通知的预备役人员应当按照通知要求，到指定地点报到。

第三十一条 被征召的预备役人员所在单位应当协助兵役机关做好预备役人员的征召工作。

从事交通运输的单位和个人，应当优先运送被征召的预备役人员。

第三十二条 国家决定实施国防动员后，预定征召的预备役人员，未经其预备役登记地的县级人民政府兵役机关批准，不得离开预备役登记地；已经离开预备役登记地的，接到兵役机关通知后，应当立即返回或者到指定地点报到。

第六章　战略物资储备与调用

第三十三条　国家实行适应国防动员需要的战略物资储备和调用制度。

战略物资储备由国务院有关主管部门组织实施。

第三十四条　承担战略物资储备任务的单位，应当按照国家有关规定和标准对储备物资进行保管和维护，定期调整更换，保证储备物资的使用效能和安全。

国家按照有关规定对承担战略物资储备任务的单位给予补贴。

第三十五条　战略物资按照国家有关规定调用。国家决定实施国防动员后，战略物资的调用由国务院和中央军事委员会批准。

第三十六条 国防动员所需的其他物资的储备和调用，依照有关法律、行政法规的规定执行。

第七章 军品科研、生产与维修保障

第三十七条 国家建立军品科研、生产和维修保障动员体系，根据战时军队订货和装备保障的需要，储备军品科研、生产和维修保障能力。

本法所称军品，是指用于军事目的的装备、物资以及专用生产设备、器材等。

第三十八条 军品科研、生产和维修保障能力储备的种类、布局和规模，由国务院有关主管部门会同军队有关部门提出方案，报国务院、中央军事委员会批准后组织实施。

第三十九条 承担转产、扩大生产军品和维修保障任务的单位，应当根据所担负的国防动员任务，储备所需的设备、材料、配套产品、技术，建立所需的专业技术队伍,制定和完善预案与措施。

第四十条　各级人民政府应当支持和帮助承担转产、扩大生产军品任务的单位开发和应用先进的军民两用技术,推广军民通用的技术标准,提高转产、扩大生产军品的综合保障能力。

国务院有关主管部门应当对重大的跨地区、跨行业的转产、扩大生产军品任务的实施进行协调,并给予支持。

第四十一条　国家决定实施国防动员后,承担转产、扩大生产军品任务的单位,应当按照国家军事订货合同和转产、扩大生产的要求,组织军品科研、生产,保证军品质量,按时交付订货,协助军队完成维修保障任务。为转产、扩大生产军品提供能源、材料、设备和配套产品的单位,应当优先满足转产、扩大生产军品的需要。

国家对因承担转产、扩大生产军品任务造成直接经济损失的单位给予补偿。

第八章　战争灾害的预防与救助

第四十二条　国家实行战争灾害的预防与救助制度，保护人民生命和财产安全，保障国防动员潜力和持续动员能力。

第四十三条　国家建立军事、经济、社会目标和首脑机关分级防护制度。分级防护标准由国务院、中央军事委员会规定。

军事、经济、社会目标和首脑机关的防护工作，由县级以上人民政府会同有关军事机关共同组织实施。

第四十四条　承担军事、经济、社会目标和首脑机关防护任务的单位，应当制定防护计划和抢险抢修预案，组织防护演练，落实防护措施，提高综合防护效能。

第四十五条　国家建立平战结合的医疗卫生救护体系。国家决定实施国防动员后，动员医疗卫生人员、调用药品器材和设备设施，保障战时医疗救护和卫生防疫。

第四十六条 国家决定实施国防动员后，人员、物资的疏散和隐蔽，在本行政区域进行的，由本级人民政府决定并组织实施；跨行政区域进行的，由相关行政区域共同的上一级人民政府决定并组织实施。

承担人员、物资疏散和隐蔽任务的单位，应当按照有关人民政府的决定，在规定时间内完成疏散和隐蔽任务。

第四十七条 战争灾害发生时，当地人民政府应当迅速启动应急救助机制，组织力量抢救伤员、安置灾民、保护财产，尽快消除战争灾害后果，恢复正常生产生活秩序。

遭受战争灾害的人员和组织应当及时采取自救、互救措施，减少战争灾害造成的损失。

第九章　国防勤务

第四十八条 国家决定实施国防动员后，县级以上人民政府根据国防动员实施的需要，可以动员符合本法规定条件的公民和组织担负国防勤务。

本法所称国防勤务，是指支援保障军队作战、承担预防与救助战争灾害以及协助维护社会秩序的任务。

第四十九条 十八周岁至六十周岁的男性公民和十八周岁至五十五周岁的女性公民，应当担负国防勤务；但有下列情形之一的，免予担负国防勤务：

（一）在托儿所、幼儿园和孤儿院、养老院、残疾人康复机构、救助站等社会福利机构从事管理和服务工作的公民；

（二）从事义务教育阶段学校教学、管理和服务工作的公民；

（三）怀孕和在哺乳期内的女性公民；

（四）患病无法担负国防勤务的公民；

（五）丧失劳动能力的公民；

（六）在联合国等政府间国际组织任职的公民；

（七）其他经县级以上人民政府决定免予担负国

防勤务的公民。

有特殊专长的专业技术人员担负特定的国防勤务，不受前款规定的年龄限制。

第五十条 被确定担负国防勤务的人员，应当服从指挥、履行职责、遵守纪律、保守秘密。担负国防勤务的人员所在单位应当给予支持和协助。

第五十一条 交通运输、邮政、电信、医药卫生、食品和粮食供应、工程建筑、能源化工、大型水利设施、民用核设施、新闻媒体、国防科研生产和市政设施保障等单位，应当依法担负国防勤务。

前款规定的单位平时应当按照专业对口、人员精干、应急有效的原则组建专业保障队伍，组织训练、演练，提高完成国防勤务的能力。

第五十二条 公民和组织担负国防勤务，由县级以上人民政府负责组织。

担负预防与救助战争灾害、协助维护社会秩序勤务的公民和专业保障队伍，由当地人民政府指挥，并提供勤务和生活保障；跨行政区域执行勤务的，由相关行政区域的县级以上地方人民政府组织落实相关保障。

担负支援保障军队作战勤务的公民和专业保障队伍，由军事机关指挥，伴随部队行动的由所在部队提供勤务和生活保障；其他的由当地人民政府提供勤务和生活保障。

第五十三条　担负国防勤务的人员在执行勤务期间，继续享有原工作单位的工资、津贴和其他福利待遇；没有工作单位的，由当地县级人民政府参照民兵执行战备勤务的补贴标准给予补贴；因执行国防勤务伤亡的，由当地县级人民政府依照《军人抚恤优待条例》等有关规定给予抚恤优待。

第十章　民用资源征用与补偿

第五十四条　国家决定实施国防动员后，储备物资无法及时满足动员需要的，县级以上人民政府可以依法对民用资源进行征用。

本法所称民用资源，是指组织和个人所有或者使用的用于社会生产、服务和生活的设施、设备、场所和其他物资。

第五十五条 任何组织和个人都有接受依法征用民用资源的义务。

需要使用民用资源的中国人民解放军现役部队和预备役部队、中国人民武装警察部队、民兵组织，应当提出征用需求，由县级以上地方人民政府统一组织征用。县级以上地方人民政府应当对被征用的民用资源予以登记，向被征用人出具凭证。

第五十六条 下列民用资源免予征用：

（一）个人和家庭生活必需的物品和居住场所；

（二）托儿所、幼儿园和孤儿院、养老院、残疾人康复机构、救助站等社会福利机构保障儿童、老人、残疾人和救助对象生活必需的物品和居住场所；

（三）法律、行政法规规定免予征用的其他民用资源。

第五十七条 被征用的民用资源根据军事要求

需要进行改造的,由县级以上地方人民政府会同有关军事机关组织实施。

承担改造任务的单位应当按照使用单位提出的军事要求和改造方案进行改造,并保证按期交付使用。改造所需经费由国家负担。

第五十八条　被征用的民用资源使用完毕,县级以上地方人民政府应当及时组织返还;经过改造的,应当恢复原使用功能后返还;不能修复或者灭失的,以及因征用造成直接经济损失的,按照国家有关规定给予补偿。

第五十九条　中国人民解放军现役部队和预备役部队、中国人民武装警察部队、民兵组织进行军事演习、训练,需要征用民用资源或者采取临时性管制措施的,按照国务院、中央军事委员会的有关规定执行。

第十一章　宣传教育

第六十条　各级人民政府应当组织开展国防动

员的宣传教育，增强公民的国防观念和依法履行国防义务的意识。有关军事机关应当协助做好国防动员的宣传教育工作。

第六十一条 国家机关、社会团体、企业事业单位和基层群众性自治组织，应当组织所属人员学习和掌握必要的国防知识与技能。

第六十二条 各级人民政府应当运用各种宣传媒体和宣传手段，对公民进行爱国主义、革命英雄主义宣传教育，激发公民的爱国热情，鼓励公民踊跃参战支前，采取多种形式开展拥军优属和慰问活动，按照国家有关规定做好抚恤优待工作。

新闻出版、广播影视和网络传媒等单位，应当按照国防动员的要求做好宣传教育和相关工作。

第十二章 特别措施

第六十三条 国家决定实施国防动员后，根据需要，可以依法在实施国防动员的区域采取下列特别措施：

（一）对金融、交通运输、邮政、电信、新闻出版、广播影视、信息网络、能源水源供应、医药卫生、食品和粮食供应、商业贸易等行业实行管制；

（二）对人员活动的区域、时间、方式以及物资、运载工具进出的区域进行必要的限制；

（三）在国家机关、社会团体和企业事业单位实行特殊工作制度；

（四）为武装力量优先提供各种交通保障；

（五）需要采取的其他特别措施。

第六十四条 在全国或者部分省、自治区、直辖市实行特别措施，由国务院、中央军事委员会决定并组织实施；在省、自治区、直辖市范围内的部分地区实行特别措施，由国务院、中央军事委员会决定，由特别措施实施区域所在省、自治区、直辖市人民政府和同级军事机关组织实施。

第六十五条 组织实施特别措施的机关应当在规定的权限、区域和时限内实施特别措施。特别措施实施区域内的公民和组织，应当服从组织实施特别措施的机关的管理。

第六十六条　采取特别措施不再必要时，应当及时终止。

第六十七条　因国家发布动员令，诉讼、行政复议、仲裁活动不能正常进行的，适用有关时效中止和程序中止的规定，但法律另有规定的除外。

第十三章　法　律　责　任

第六十八条　公民有下列行为之一的，由县级人民政府责令限期改正；逾期不改的，强制其履行义务：

（一）预编到现役部队和编入预备役部队的预备役人员、预定征召的其他预备役人员离开预备役登记地一个月以上未向预备役登记的兵役机关报告的；

（二）国家决定实施国防动员后，预定征召的预备役人员未经预备役登记的兵役机关批准离开预备役登记地，或者未按照兵役机关要求及时返回，或者未到指定地点报到的；

（三）拒绝、逃避征召或者拒绝、逃避担负国防勤务的；

（四）拒绝、拖延民用资源征用或者阻碍对被征用的民用资源进行改造的；

（五）干扰、破坏国防动员工作秩序或者阻碍从事国防动员工作的人员依法履行职责的。

第六十九条　企业事业单位有下列行为之一的，由有关人民政府责令限期改正；逾期不改的，强制其履行义务，并可以处以罚款：

（一）在承建的贯彻国防要求的建设项目中未按照国防要求和技术规范、标准进行设计或者施工、生产的；

（二）因管理不善导致战略储备物资丢失、损坏或者不服从战略物资调用的；

（三）未按照转产、扩大生产军品和维修保障任务的要求进行军品科研、生产和维修保障能力储备，

或者未按照规定组建专业技术队伍的;

（四）拒绝、拖延执行专业保障任务的;

（五）拒绝或者故意延误军事订货的;

（六）拒绝、拖延民用资源征用或者阻碍对被征用的民用资源进行改造的;

（七）阻挠公民履行征召、担负国防勤务义务的。

第七十条 有下列行为之一的,对直接负责的主管人员和其他直接责任人员,依法给予处分:

（一）拒不执行上级下达的国防动员命令的;

（二）滥用职权或者玩忽职守,给国防动员工作造成严重损失的;

（三）对征用的民用资源,拒不登记、出具凭证,或者违反规定使用造成严重损坏,以及不按照规定予以返还或者补偿的;

（四）泄露国防动员秘密的;

（五）贪污、挪用国防动员经费、物资的;

（六）滥用职权,侵犯和损害公民或者组织合法权益的。

第七十一条 违反本法规定,构成违反治安管理行为的,依法给予治安管理处罚;构成犯罪的,依法追究刑事责任。

第十四章 附 则

第七十二条 本法自2010年7月1日起施行。

中华人民共和国国防交通法

（2016年9月3日第十二届全国人民代表大会常务委员会第二十二次会议通过 2016年9月3日中华人民共和国主席令第50号公布 自2017年1月1日起施行）

目 录

第一章 总 则

第二章 国防交通规划

第三章 交通工程设施

第四章 民用运载工具

第五章 国防运输

第六章 国防交通保障

第七章 国防交通物资储备

第八章　法律责任

第九章　附　　则

第一章　总　　则

第一条　为了加强国防交通建设，促进交通领域军民融合发展，保障国防活动顺利进行，制定本法。

第二条　以满足国防需要为目的，在铁路、道路、水路、航空、管道以及邮政等交通领域进行的规划、建设、管理和资源使用活动，适用本法。

第三条　国家坚持军民融合发展战略，推动军地资源优化配置、合理共享，提高国防交通平时服务、急时应急、战时应战的能力，促进经济建设和国防建设协调发展。

国防交通工作遵循统一领导、分级负责、统筹规划、平战结合的原则。

第四条　国家国防交通主管机构负责规划、组织、指导和协调全国的国防交通工作。国家国防交通主管机构的设置和工作职责，由国务院、中央军事委员会规定。

县级以上地方人民政府国防交通主管机构负责本行政区域的国防交通工作。

县级以上人民政府有关部门和有关军事机关按照职责分工，负责有关的国防交通工作。

省级以上人民政府有关部门和军队有关部门建立国防交通军民融合发展会商机制，相互通报交通建设和国防需求等情况，研究解决国防交通重大问题。

第五条 公民和组织应当依法履行国防交通义务。

国家鼓励公民和组织依法参与国防交通建设，并按照有关规定给予政策和经费支持。

第六条 国防交通经费按照事权划分的原则，列入政府预算。

企业事业单位用于开展国防交通日常工作的合

理支出，列入本单位预算，计入成本。

第七条 县级以上人民政府根据国防需要，可以依法征用民用运载工具、交通设施、交通物资等民用交通资源，有关组织和个人应当予以配合，履行相关义务。

民用交通资源征用的组织实施和补偿，依照有关法律、行政法规执行。

第八条 各级人民政府应当将国防交通教育纳入全民国防教育，通过多种形式开展国防交通宣传活动，普及国防交通知识，增强公民的国防交通观念。

各级铁路、道路、水路、航空、管道、邮政等行政管理部门（以下统称交通主管部门）和相关企业事业单位应当对本系统、本单位的人员进行国防交通教育。

设有交通相关专业的院校应当将国防交通知识纳入相关专业课程或者单独开设国防交通相关课程。

第九条 任何组织和个人对在国防交通工作中

知悉的国家秘密和商业秘密负有保密义务。

第十条 对在国防交通工作中作出突出贡献的组织和个人，按照国家有关规定给予表彰和奖励。

第十一条 国家加强国防交通信息化建设，为提高国防交通保障能力提供支持。

第十二条 战时和平时特殊情况下，需要在交通领域采取行业管制、为武装力量优先提供交通保障等国防动员措施的，依照《中华人民共和国国防法》、《中华人民共和国国防动员法》等有关法律执行。

武装力量组织进行军事演习、训练，需要对交通采取临时性管制措施的，按照国务院、中央军事委员会的有关规定执行。

第十三条 战时和平时特殊情况下，国家根据需要，设立国防交通联合指挥机构，统筹全国或者局部地区的交通运输资源，统一组织指挥全国或者局部地区的交通运输以及交通设施设备的抢修、抢建与防护。相关组织和个人应当服从统一指挥。

第二章　国防交通规划

第十四条　国防交通规划包括国防交通工程设施建设规划、国防交通专业保障队伍建设规划、国防交通物资储备规划、国防交通科研规划等。

编制国防交通规划应当符合下列要求：

（一）满足国防需要，有利于平战快速转换，保障国防活动顺利进行；

（二）兼顾经济社会发展需要，突出重点，注重效益，促进资源融合共享；

（三）符合城乡规划和土地利用总体规划，与国家综合交通运输体系发展规划相协调；

（四）有利于加强边防、海防交通基础设施建设，扶持沿边、沿海经济欠发达地区交通运输发展；

（五）保护环境，节约土地、能源等资源。

第十五条　县级以上人民政府应当将国防交通建设纳入国民经济和社会发展规划。

国务院及其有关部门和省、自治区、直辖市人民政府制定交通行业以及相关领域的发展战略、产业政策和规划交通网络布局,应当兼顾国防需要,提高国家综合交通运输体系保障国防活动的能力。

国务院有关部门应当将有关国防要求纳入交通设施、设备的技术标准和规范。有关国防要求由国家国防交通主管机构征求军队有关部门意见后汇总提出。

第十六条 国防交通工程设施建设规划,由县级以上人民政府国防交通主管机构会同本级人民政府交通主管部门编制,经本级人民政府发展改革部门审核后,报本级人民政府批准。

下级国防交通工程设施建设规划应当依据上一级国防交通工程设施建设规划编制。

编制国防交通工程设施建设规划,应当征求有关军事机关和本级人民政府有关部门的意见。县级以上人民政府有关部门编制综合交通运输体系发展规划和交通工程设施建设规划,应当征求本级人民政府国防交通主管机构的意见，并纳入国防交通工程设施建设的相关内容。

第十七条 国防交通专业保障队伍建设规划，由国家国防交通主管机构会同国务院有关部门和军队有关部门编制。

第十八条 国防交通物资储备规划，由国防交通主管机构会同军地有关部门编制。

中央储备的国防交通物资，由国家国防交通主管机构会同国务院交通主管部门和军队有关部门编制储备规划。

地方储备的国防交通物资，由省、自治区、直辖市人民政府国防交通主管机构会同本级人民政府有关部门和有关军事机关编制储备规划。

第十九条 国防交通科研规划，由国家国防交通主管机构会同国务院有关部门和军队有关部门编制。

第三章　交通工程设施

第二十条 建设国防交通工程设施，应当以国防交通工程设施建设规划为依据，保障战时和平时特殊情况下国防交通畅通。

建设其他交通工程设施，应当依法贯彻国防要求，在建设中采用增强其国防功能的工程技术措施，提高国防交通保障能力。

第二十一条　国防交通工程设施应当按照基本建设程序、相关技术标准和规范以及国防要求进行设计、施工和竣工验收。相关人民政府国防交通主管机构组织军队有关部门参与项目的设计审定、竣工验收等工作。

交通工程设施建设中为增加国防功能修建的项目应当与主体工程同步设计、同步建设、同步验收。

第二十二条　国防交通工程设施在满足国防活动需要的前提下，应当为经济社会活动提供便利。

第二十三条　国防交通工程设施管理单位负责国防交通工程设施的维护和管理，保持其国防功能。

国防交通工程设施需要改变用途或者作报废处理的，由国防交通工程设施管理单位逐级上报国家国防交通主管机构或者其授权的国防交通主管机构批准。

县级以上人民政府应当加强对国防交通工程设施维护管理工作的监督检查。

第二十四条　任何组织和个人进行生产和其他活动，不得影响国防交通工程设施的正常使用，不得危及国防交通工程设施的安全。

第二十五条　县级以上人民政府国防交通主管机构负责向本级人民政府交通主管部门以及相关企业事业单位了解交通工程设施建设项目的立项、设计、施工等情况；有关人民政府交通主管部门以及相关企业事业单位应当予以配合。

第二十六条　县级以上人民政府国防交通主管机构应当及时向有关军事机关通报交通工程设施建设情况，并征求其贯彻国防要求的意见，汇总后提出需要贯彻国防要求的具体项目。

第二十七条　对需要贯彻国防要求的交通工程设施建设项目，由有关人民政府国防交通主管机构会同本级人民政府发展改革部门、财政部门、交通主管部门和有关军事机关，与建设单位协商确定贯彻国防要求的具体事宜。

交通工程设施新建、改建、扩建项目因贯彻国防要求增加的费用由国家承担。有关部门应当对项目的实施予以支持和保障。

第二十八条　各级人民政府对国防交通工程设施建设项目和贯彻国防要求的交通工程设施建设项目，在土地使用、城乡规划、财政、税费等方面，按照国家有关规定给予政策支持。

第四章　民用运载工具

第二十九条　国家国防交通主管机构应当根据国防需要，会同国务院有关部门和军队有关部门，确定需要贯彻国防要求的民用运载工具的类别和范围，及时向社会公布。

国家鼓励公民和组织建造、购置、经营前款规定的类别和范围内的民用运载工具及其相关设备。

第三十条　县级以上人民政府国防交通主管机构应当向民用运载工具登记管理部门和建造、购置人了解需要贯彻国防要求的民用运载工具的建造、购置、使用等情况，有关公民和组织应当予以配合。

第三十一条　县级以上人民政府国防交通主管机构应当及时将掌握的民用运载工具基本情况通报有关军事机关，并征求其贯彻国防要求的意见，汇总后提出需要贯彻国防要求的民用运载工具的具体项目。

第三十二条　对需要贯彻国防要求的民用运载工具的具体项目，由县级以上人民政府国防交通主管机构会同本级人民政府财政部门、交通主管部门和有关军事机关，与有关公民和组织协商确定贯彻国防要求的具体事宜，并签订相关协议。

第三十三条　民用运载工具因贯彻国防要求增加的费用由国家承担。有关部门应当对民用运载工具贯彻国防要求的实施予以支持和保障。

各级人民政府对贯彻国防要求的民用运载工具在服务采购、运营范围等方面，按照有关规定给予政策支持。

第三十四条 贯彻国防要求的民用运载工具所有权人、承租人、经营人负责民用运载工具的维护和管理，保障其使用效能。

第五章 国防运输

第三十五条 县级以上人民政府交通主管部门会同军队有关交通运输部门按照统一计划、集中指挥、迅速准确、安全保密的原则，组织国防运输。

承担国防运输任务的公民和组织应当优先安排国防运输任务。

第三十六条 国家以大中型运输企业为主要依托，组织建设战略投送支援力量，增强战略投送能力，为快速组织远距离、大规模国防运输提供有效支持。

承担战略投送支援任务的企业负责编组人员和装备，根据有关规定制定实施预案，进行必要的训练、演练，提高执行战略投送任务的能力。

第三十七条 各级人民政府和军事机关应当加强国防运输供应、装卸等保障设施建设。

县级以上地方人民政府和相关企业事业单位，应当根据国防运输的需要提供饮食饮水供应、装卸作业、医疗救护、通行与休整、安全警卫等方面的必要的服务或者保障。

第三十八条 国家驻外机构和我国从事国际运输业务的企业及其境外机构，应当为我国实施国际救援、海上护航和维护国家海外利益的军事行动的船舶、飞机、车辆和人员的补给、休整提供协助。

国家有关部门应当对前款规定的机构和企业为海外军事行动提供协助所需的人员和运输工具、货物等的出境入境提供相关便利。

第三十九条 公民和组织完成国防运输任务所发生的费用，由使用单位按照不低于市场价格的原则支付。具体办法由国务院财政部门、交通主管部门和中央军事委员会后勤保障部规定。

第四十条 军队根据需要，可以在相关交通企业或者交通企业较为集中的地区派驻军事代表，会同有关单位共同完成国防运输和交通保障任务。

军事代表驻在单位和驻在地人民政府有关部门，应当为军事代表开展工作提供便利。

军事代表的派驻和工作职责，按照国务院、中央军事委员会的有关规定执行。

第六章　国防交通保障

第四十一条 各级国防交通主管机构组织人民政府有关部门和有关军事机关制定国防交通保障方案，明确重点交通目标、线路以及保障原则、任务、技术措施和组织措施。

第四十二条 国务院有关部门和县级以上地方人民政府按照职责分工，组织有关企业事业单位实施交通工程设施抢修、抢建和运载工具抢修，保障国防活动顺利进行。有关军事机关应当给予支持和协助。

第四十三条 国防交通保障方案确定的重点交通目标的管理单位和预定承担保障任务的单位，应当根据有关规定编制重点交通目标保障预案，并做好相关准备。

第四十四条 重点交通目标的管理单位和预定承担保障任务的单位，在重点交通目标受到破坏威胁时，应当立即启动保障预案，做好相应准备；在重点交通目标遭受破坏时，应当按照任务分工，迅速组织实施工程加固和抢修、抢建，尽快恢复交通。

与国防运输有关的其他交通工程设施遭到破坏的，其管理单位应当及时按照管理关系向上级报告，同时组织修复。

第四十五条 县级以上人民政府国防交通主管机构会同本级人民政府国土资源、城乡规划等主管部门确定预定抢建重要国防交通工程设施的土地，作为国防交通控制范围,纳入土地利用总体规划和城乡规划。

未经县级以上人民政府国土资源主管部门、城乡规划主管部门和国防交通主管机构批准,任何组织和个人不得占用作为国防交通控制范围的土地。

第四十六条 重点交通目标的对空、对海防御,由军队有关部门纳入对空、对海防御计划,统一组织实施。

重点交通目标的地面防卫,由其所在地县级以上人民政府和有关军事机关共同组织实施。

重点交通目标的工程技术防护,由其所在地县级以上人民政府交通主管部门会同本级人民政府国防交通主管机构、人民防空主管部门,组织指导其管理单位和保障单位实施。

重点交通目标以外的其他交通设施的防护,由其所在地县级以上人民政府按照有关规定执行。

第四十七条 因重大军事行动和国防科研生产试验以及与国防相关的保密物资、危险品运输等特殊需要，县级以上人民政府有关部门应当按照规定的权限和程序，在相关地区的陆域、水域、空域采取必要的交通管理措施和安全防护措施。有关军事机关应当给予协助。

第四十八条　县级以上人民政府交通主管部门和有关军事机关、国防交通主管机构应当根据需要，组织相关企业事业单位开展国防交通专业保障队伍的训练、演练。

国防交通专业保障队伍由企业事业单位按照有关规定组建。

参加训练、演练的国防交通专业保障队伍人员的生活福利待遇，参照民兵参加军事训练的有关规定执行。

第四十九条　国防交通专业保障队伍执行国防交通工程设施抢修、抢建、防护和民用运载工具抢修以及人员物资抢运等任务，由县级以上人民政府国防交通主管机构会同本级人民政府交通主管部门统一调配。

国防交通专业保障队伍的车辆、船舶和其他机动设备，执行任务时按照国家国防交通主管机构的规定设置统一标志，可以优先通行。

第五十条　各级人民政府对承担国防交通保障任务的企业和个人，按照有关规定给予政策支持。

第七章　国防交通物资储备

第五十一条　国家建立国防交通物资储备制度，保证战时和平时特殊情况下国防交通顺畅的需要。

国防交通物资储备应当布局合理、规模适度，储备的物资应当符合国家规定的质量标准。

国防交通储备物资的品种由国家国防交通主管机构会同国务院有关部门和军队有关部门规定。

第五十二条　国务院交通主管部门和省、自治区、直辖市人民政府国防交通主管机构，应当按照有关规定确定国防交通储备物资储存管理单位，监督检查国防交通储备物资管理工作。

国防交通储备物资储存管理单位应当建立健全管理制度，按照国家有关规定和标准对储备物资进行保管、维护和更新，保证储备物资的使用效能和安全，不得挪用、损坏和丢失储备物资。

第五十三条 战时和平时特殊情况下执行交通防护和抢修、抢建任务，或者组织重大军事演习、抢险救灾以及国防交通专业保障队伍训练、演练等需要的，可以调用国防交通储备物资。

调用中央储备的国防交通物资，由国家国防交通主管机构批准；调用地方储备的国防交通物资，由省、自治区、直辖市人民政府国防交通主管机构批准。

国防交通储备物资储存管理单位，应当严格执行储备物资调用指令，不得拒绝或者拖延。

未经批准，任何组织和个人不得动用国防交通储备物资。

第五十四条 国防交通储备物资因产品技术升级、更新换代或者主要技术性能低于使用维护要求，丧失储备价值的，可以改变用途或者作报废处理。

中央储备的国防交通物资需要改变用途或者作报废处理的，由国家国防交通主管机构组织技术鉴定并审核后，报国务院财政部门审批。

地方储备的国防交通物资需要改变用途或者作报废处理的，由省、自治区、直辖市人民政府国防交通主管机构组织技术鉴定并审核后，报本级人民政府财政部门审批。

中央和地方储备的国防交通物资改变用途或者报废获得的收益，应当上缴本级国库，纳入财政预算管理。

第八章　法　律　责　任

第五十五条　违反本法规定，有下列行为之一的，由县级以上人民政府交通主管部门或者国防交通主管机构责令限期改正，对负有直接责任的主管人员和其他直接责任人员依法给予处分；有违法所得的，予以没收，并处违法所得一倍以上五倍以下罚款：

（一）擅自改变国防交通工程设施用途或者作报废处理的；

（二）拒绝或者故意拖延执行国防运输任务的；

（三）拒绝或者故意拖延执行重点交通目标抢修、抢建任务的；

（四）拒绝或者故意拖延执行国防交通储备物资调用命令的；

（五）擅自改变国防交通储备物资用途或者作报废处理的；

（六）擅自动用国防交通储备物资的；

（七）未按照规定保管、维护国防交通储备物资，造成损坏、丢失的。

上述违法行为造成财产损失的，依法承担赔偿责任。

第五十六条　国防交通主管机构、有关军事机关以及交通主管部门和其他相关部门的工作人员违反本法规定，有下列情形之一的，对负有直接责任的主管人员和其他直接责任人员依法给予处分：

（一）滥用职权或者玩忽职守，给国防交通工作造成严重损失的；

（二）贪污、挪用国防交通经费、物资的；

（三）泄露在国防交通工作中知悉的国家秘密和商业秘密的；

（四）在国防交通工作中侵害公民或者组织合法权益的。

第五十七条　违反本法规定，构成违反治安管理行为的，依法给予治安管理处罚；构成犯罪的，依法追究刑事责任。

第九章　附　　则

第五十八条　本法所称国防交通工程设施，是指国家为国防目的修建的交通基础设施以及国防交通专用的指挥、检修、装卸、仓储等工程设施。

本法所称国防运输，是指政府和军队为国防目的运用军民交通运输资源，运送人员、装备、物资的活动。军队运用自身资源进行的运输活动，按照中央军事委员会有关规定执行。

第五十九条 与国防交通密切相关的信息设施、设备和专业保障队伍的建设、管理、使用活动，适用本法。

国家对信息动员另有规定的，从其规定。

第六十条 本法自2017年1月1日起施行。